FINNEY COUNTY PUBLIC LIBRARY
605 E WALNUT ST
GARDEN CITY KS 67846

# John Adams

Ruth Daly

www.av2books.com

**Visita nuestro sitio www.av2books.com e ingresa el código único del libro.**
Go to www.av2books.com, and enter this book's unique code.

**CÓDIGO DEL LIBRO**
BOOK CODE

**V797436**

**AV² de Weigl te ofrece enriquecidos libros electrónicos que favorecen el aprendizaje activo.**
AV² by Weigl brings you media enhanced books that support active learning.

**El enriquecido libro electrónico AV² te ofrece una experiencia bilingüe completa entre el inglés y el español para aprender el vocabulario de los dos idiomas.**
This AV² media enhanced book gives you a fully bilingual experience between English and Spanish to learn the vocabulary of both languages.

**Spanish**

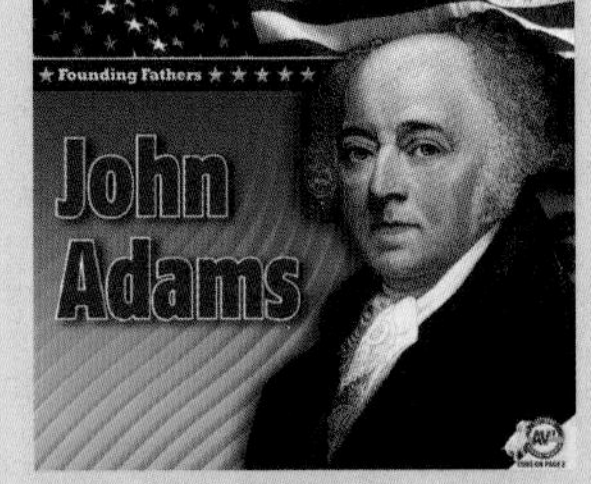

**English**

## Navegación bilingüe AV²
AV² Bilingual Navigation

**Copyright ©2016 AV² de Weigl. Library of Congress Cataloging-in-Publication Data se encuentra en la página 24.**
Copyright ©2016 AV² by Weigl. Library of Congress Cataloging-in-Publication Data is located on page 24.

# ÍNDICE

2 Código del libro de AV²
4 ¿Quién es John Adams?
6 ¿Qué es un Padre Fundador?
8 La infancia
10 Aprendiendo de los demás
12 La práctica hace a la perfección
14 Hechos clave
16 Problemas
18 Nace una nación
20 John Adams hoy
22 Datos sobre John Adams

# ¿Quién es John Adams?

John Adams fue uno de los Padres Fundadores de los Estados Unidos. Fue el segundo presidente del país. Adams fue conocido por su honestidad. Hablaba sobre cómo las colonias americanas debían formar su propio país.

JOHN ADAMS
2nd PRESIDENT 17
UNITED STATES OF AMERICA
$1

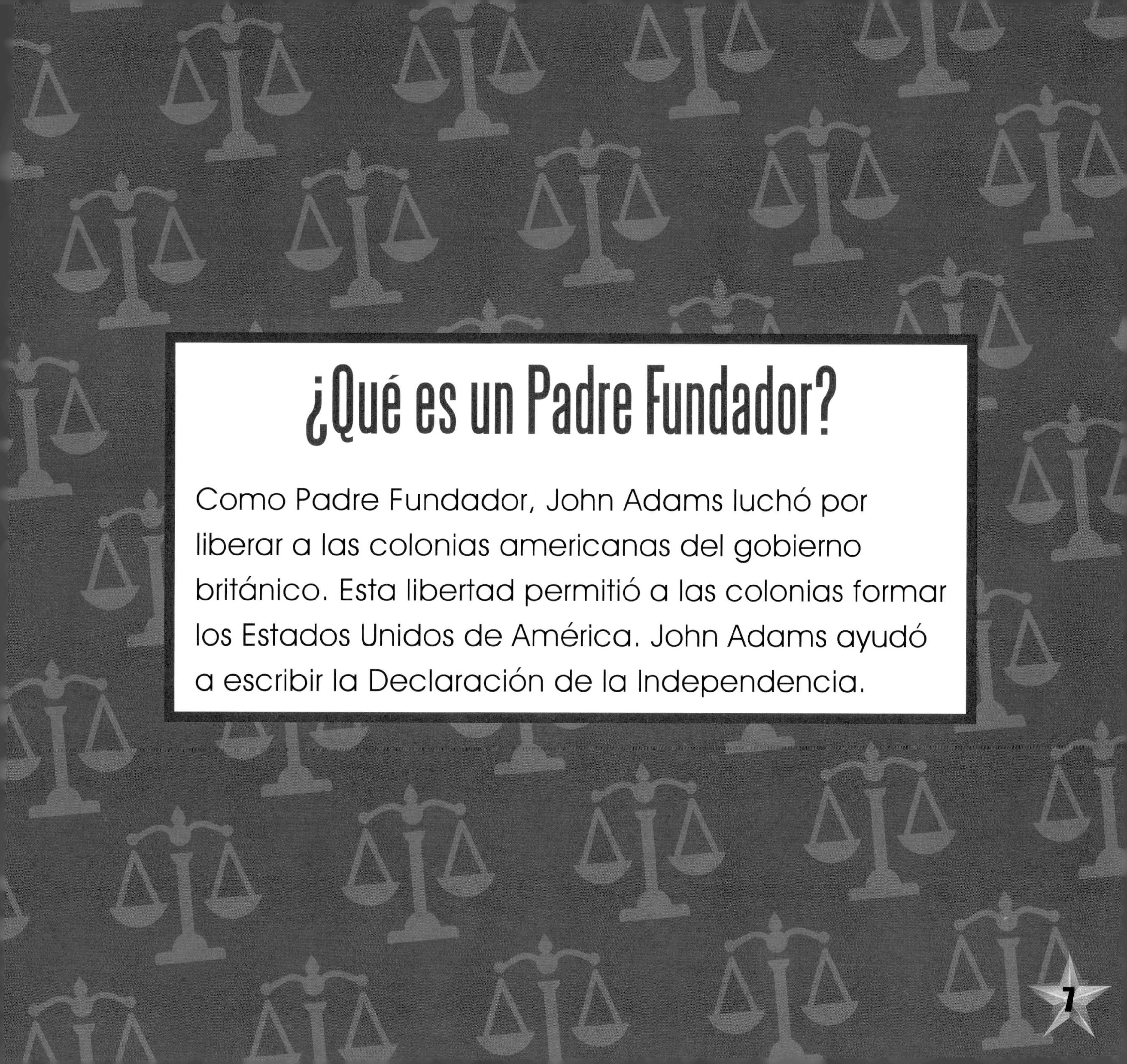

# ¿Qué es un Padre Fundador?

Como Padre Fundador, John Adams luchó por liberar a las colonias americanas del gobierno británico. Esta libertad permitió a las colonias formar los Estados Unidos de América. John Adams ayudó a escribir la Declaración de la Independencia.

# La infancia

John Adams nació el 30 de octubre de 1735 en Braintree, Massachusetts. Tenía dos hermanos menores. A Adams le gustaba jugar al aire libre. También le gustaba salir a cazar después de la escuela.

9

# Aprendiendo de los demás

John Adams admiraba a su padre. Su padre era líder religioso, y le enseño a leer. Su padre esperaba que su hijo también fuera un líder religioso, pero John Adams quería ser abogado.

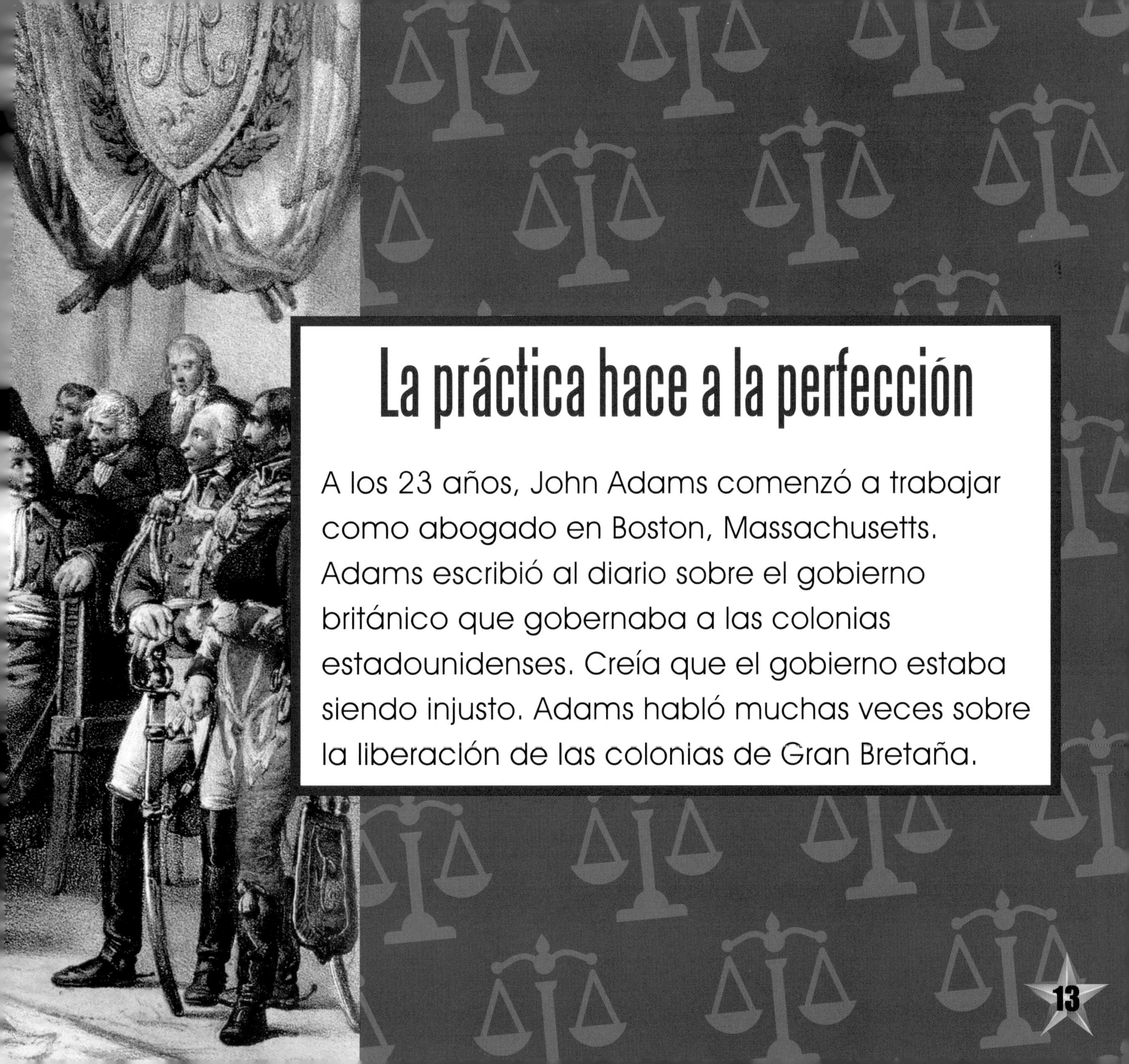

# La práctica hace a la perfección

A los 23 años, John Adams comenzó a trabajar como abogado en Boston, Massachusetts. Adams escribió al diario sobre el gobierno británico que gobernaba a las colonias estadounidenses. Creía que el gobierno estaba siendo injusto. Adams habló muchas veces sobre la liberación de las colonias de Gran Bretaña.

# Hechos clave

John Adams fue electo miembro del Congreso a los 39 años. Quería que las colonias americanas fueran libres. Gran Bretaña quería que las colonias continuaran pagando impuestos. Se aproximaba una Guerra entre Gran Bretaña y las colonias americanas.

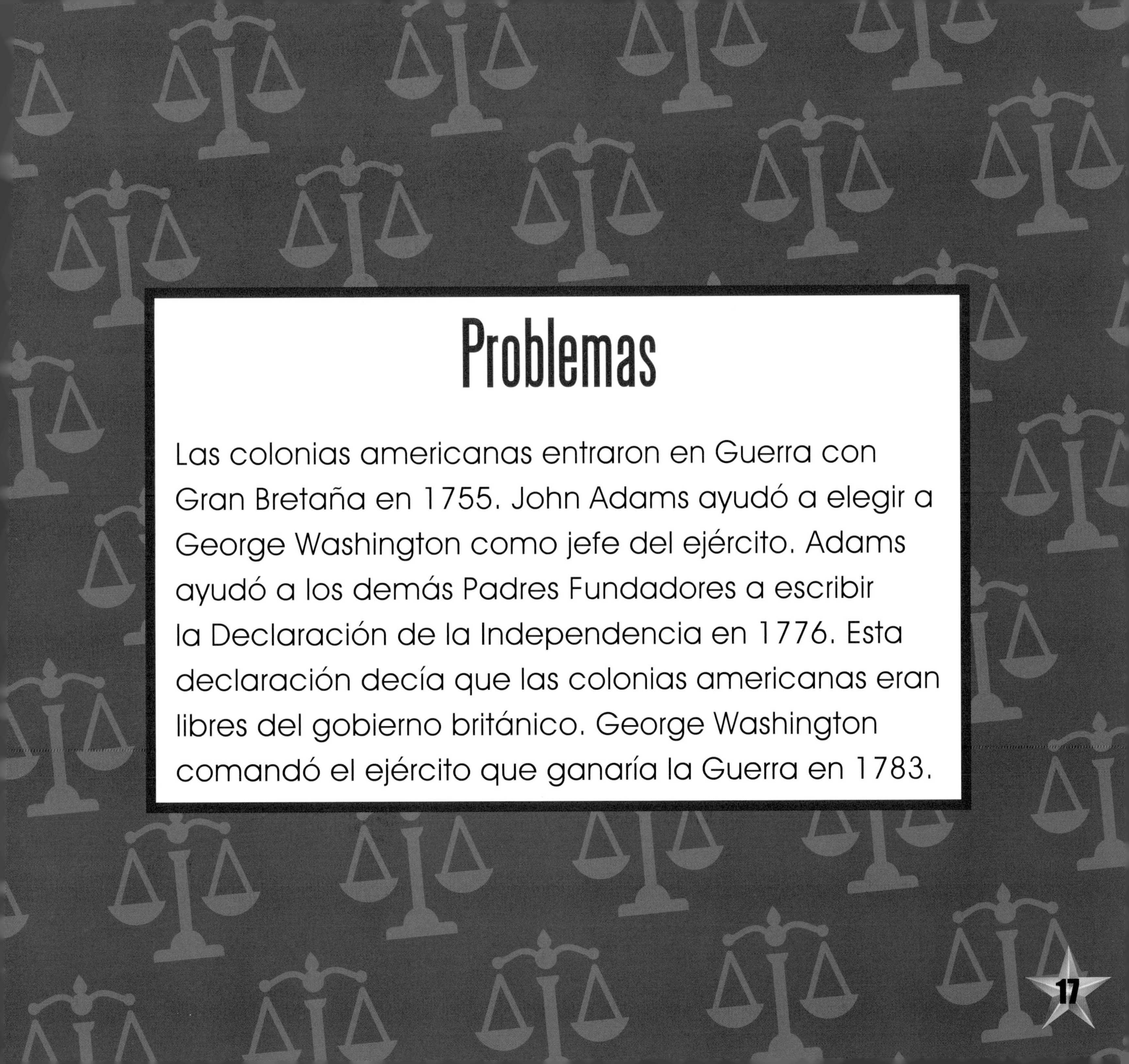

# Problemas

Las colonias americanas entraron en Guerra con Gran Bretaña en 1755. John Adams ayudó a elegir a George Washington como jefe del ejército. Adams ayudó a los demás Padres Fundadores a escribir la Declaración de la Independencia en 1776. Esta declaración decía que las colonias americanas eran libres del gobierno británico. George Washington comandó el ejército que ganaría la Guerra en 1783.

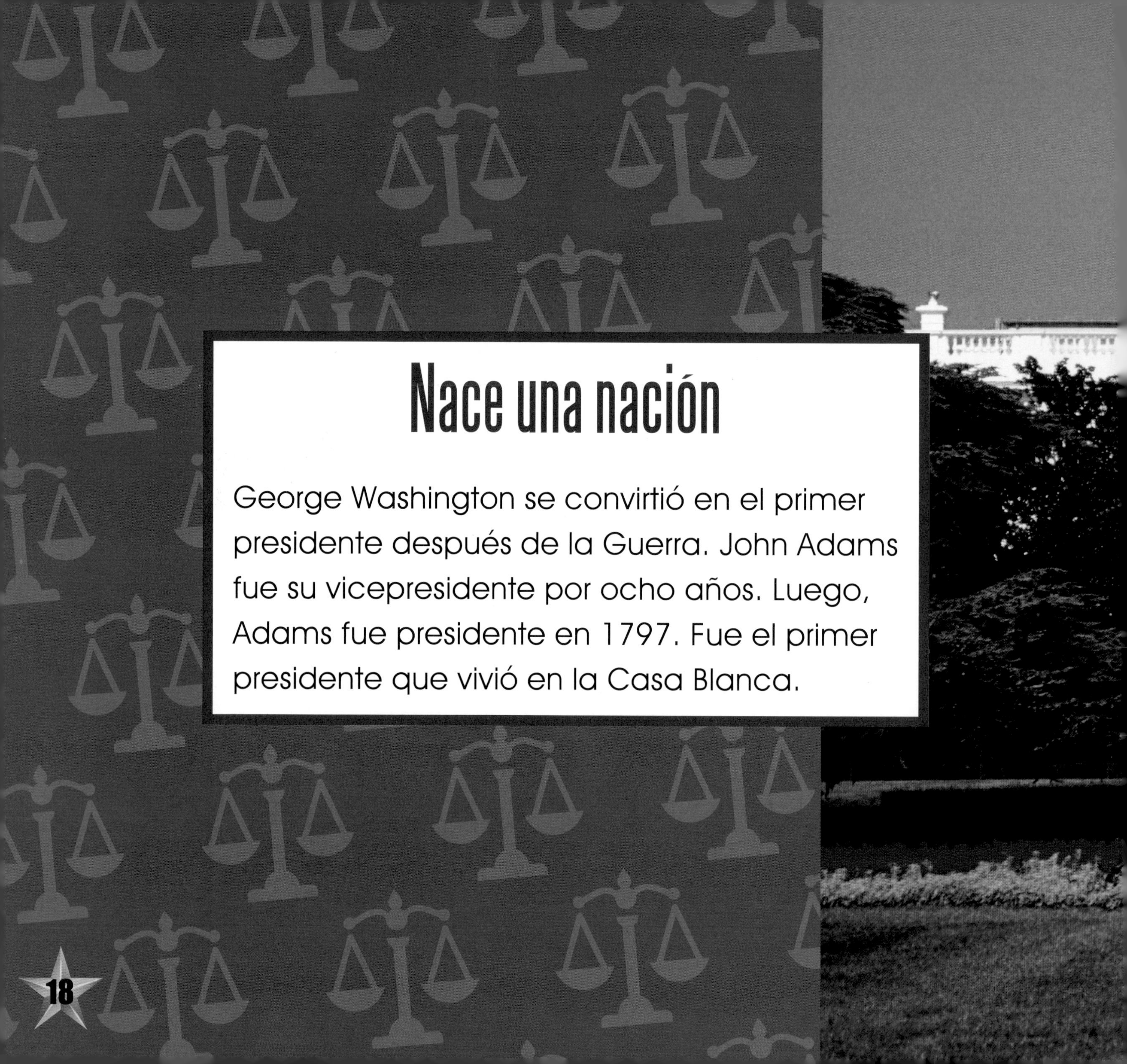

# Nace una nación

George Washington se convirtió en el primer presidente después de la Guerra. John Adams fue su vicepresidente por ocho años. Luego, Adams fue presidente en 1797. Fue el primer presidente que vivió en la Casa Blanca.

# John Adams hoy

John Adams es conocido como el Padre de la Independencia Estadounidense. Murió el 4 de Julio de 1826, 50 años después de haber ayudado a escribir la Declaración de la Independencia. John Adams es uno de los únicos Padres Fundadores que no tiene un monumento nacional.

# DATOS SOBRE JOHN ADAMS

Estas páginas contienen más detalles sobre los interesantes datos de este libro. Están dirigidas a los adultos para que ayuden a los jóvenes lectores a redondear sus conocimientos sobre cada figura histórica presentada en la serie *Padres Fundadores*.

**Páginas 4–5**

**¿Quién es John Adams?** Como uno de los Padres Fundadores de los Estados Unidos, John Adams estaba decidido a promover la independencia de las colonias americanas de Gran Bretaña. El hijo mayor de Adams, John Quincy Adams, fue electo presidente en 1825.

**Páginas 6–7**

**¿Qué es un Padre Fundador?** Los Padres Fundadores de los Estados Unidos de América desempeñaron un papel fundamental en la creación del país. Si bien no hay requisitos específicos para pertenecer a este grupo de elite, un Padre Fundador es, típicamente, una persona que estuvo involucrada, o que contribuyó con alguno de los hechos que permitieron fundar los Estados Unidos. Estos hechos son la Revolución Americana, la creación y firma de la Declaración de la Independencia y la Convención Constituyente, en la que se redactó la Constitución de los Estados Unidos.

**Páginas 8–9**

**La infancia.** Adams nació en lo que hoy es Quincy, Massachusetts. Tenía dos hermanos menores, Peter y Elihu. Sus padres, John y Susanna, estaban preocupados porque creían que su hijo estaba desperdiciando su inteligencia al preferir las actividades al aire libre por sobre el estudio. De niño, Adams le dijo a su padre que quería ser granjero.

**Páginas 10–11**

**Aprendiendo de los demás.** El padre de Adams fue un miembro prominente de la comunidad local, un granjero y diácono de la iglesia. Creía que debía educar a sus hijos para que se unieran al clero. Aunque Adams se dedicó a la política, su padre siguió siendo su modelo.

**Páginas 12–13**

**La práctica hace a la perfección.** En 1758, Adams se graduó en la Universidad de Harvard. Trabajó un tiempo como docente antes de comenzar a ejercer la abogacía en Boston, Massachusetts. En 1770, Adams defendió con éxito a los soldados británicos que fueron acusados de homicidio después de la masacre de Boston. Adams creía que todos debían tener derecho a ser defendidos, aunque este caso le restó popularidad entre los colonos.

**Páginas 14–15**

**Hechos clave.** El papel de Adams en el Congreso dejaría su huella en la historia estadounidense. Eligió a Thomas Jefferson para que redactara el primer borrador de la Declaración de la Independencia. Él y Jefferson, el tercer presidente, fueron los únicos suscriptores del documento que fueron elegidos presidentes.

**Páginas 16–17**

**Problemas.** Adams ayudó a elegir a George Washington como líder del Ejército Continental en 1775. Adams también apoyó a George Washington como el primer presidente de los Estados Unidos. Fue su vicepresidente durante dos períodos, de 1789 a 1797. Se vio frustrado en su cargo porque creía que no tenía demasiada influencia en los asuntos políticos. Le dijo a su esposa, Abigail, que sentía que su rol era insignificante.

**Páginas 18–19**

**Nace una nación.** Adams fue presidente entre 1797 y 1801. Venció a su rival, Thomas Jefferson, por tres votos electorales. Durante su presidencia, Adams evitó una guerra con Francia. Fundó el Departamento de la Armada y botó varios barcos, incluyendo el U.S.S. Constitution. Adams predijo, y estuvo en lo cierto, que sería opacado por las gigantes figuras presidenciales de Washington y Jefferson.

**Páginas 20–21**

**John Adams hoy.** John Adams es recordado por su feroz lucha por la independencia. Murió a los 90 años, el 4 de julio de 1826, al igual que Jefferson. Aunque alguna vez rivales, los dos hombres se hicieron amigos estando ya retirados e intercambiaron varias cartas. Si bien nunca se ha construido un monumento a John Adams, la Fundación en Memoria de Adams está reuniendo fondos para un monumento que será construido en tierras federales de Washington, D.C., aunque todavía no hay fecha programada para su construcción.

# ¡Visita www.av2books.com para disfrutar de tu libro interactivo de inglés y español!

Check out www.av2books.com for your interactive English and Spanish ebook!

1. **Entra en www.av2books.com**
   Go to www.av2books.com
2. **Ingresa tu código**
   Enter book code

   V797436
3. **¡Alimenta tu imaginación en línea!**
   Fuel your imagination online!

**www.av2books.com**

Published by AV² by Weigl
350 5th Avenue, 59th Floor New York, NY 10118
Website: www.av2books.com www.weigl.com

Copyright ©2016 AV² by Weigl
All rights reserved. No part of this publication may be reproduced, stored in a retrieval system, or transmitted in any form or by any means, electronic, mechanical, photocopying, recording, or otherwise, without the prior written permission of the publisher.

Library of Congress Control Number: 2014950006

ISBN 978-1-4896-2799-5 (hardcover)
ISBN 978-1-4896-2800-8 (single-user eBook)
ISBN 978-1-4896-2801-5 (multi-user eBook)

Printed in the United States of America in North Mankato, Minnesota
1 2 3 4 5 6 7 8 9 0 18 17 16 15 14

112014
WEP020914

Project Coordinator: Jared Siemens
Spanish Editor: Translation Cloud LLC
Designer: Ana María Vidal

Every reasonable effort has been made to trace ownership and to obtain permission to reprint copyright material. The publishers would be pleased to have any errors or omissions brought to their attention so that they may be corrected in subsequent printings.

Weigl acknowledges Getty Images as the primary image supplier for this title.